Zur Männerfrage!

Clara Schachne

Alpha Editions

This edition published in 2022

ISBN : 9789356788336

Design and Setting By
Alpha Editions
www.alphaedis.com
Email - info@alphaedis.com

Einleitung.

Um den Verdacht, ich sei eine Männerfeindin, nicht aufkommen zu lassen, halte ich es für geboten, gleich von vornherein zu bekennen, daß ich nichts weniger als das bin, daß ich mich im Gegentheil stets behaglich in Männergesellschaft befinde und freudig mit der Eleonore im Tasso sage:

»ich schweige gern, wenn klügere Männer reden.«

Und da ich das Glück hatte, vielen vorzüglichen Männern mit klarem Verstande und offnem Herzen zu begegnen, so hörte ich schweigend zu. Wenn sie mich nun reden hören, so werden auch sie, wie ich hoffe,

»verstehen wie ichs meine,«

so wie ich sie verstanden habe.

Ihr, meine Freunde, wißt, daß ich nicht ungerecht, noch weniger gehässig bin, und Ihr werdet mir beistimmen, daß die guten Männer nur Ausnahmen sind, denn Ihr kennt die Welt so gut wie ich. Ihr werdet mich auch nicht für den Fuchs halten, dem die Trauben sauer sind – Ihr wißt ja, daß es nicht so ist.

Zu den Fremden, die meine Schrift lesen, sage ich: Wenn Ihr brav seid, braucht Euch dieselbe nicht zu alteriren, denn Euch klagt sie nicht an. Könnt Ihr Euch aber getroffen fühlen – so schießt nur los, Eure Pfeile werden mich nicht verwunden.

Leipzig, im November 1897.

Clara Schott.

Männlich-sittlich.

Männlich-sittlich heißt mit Würde
Tragen seiner Fehler Bürde:
Bummeln, rauchen, Unfug treiben,
Renommiren, schuldig bleiben.

Trinken, bis nicht Kopf, noch Magen
Können länger es vertragen,
Was nicht immer appetitlich,
Das ist alles männlich-sittlich.

Heimlich zu der Liebsten gehen,
Doch auf Zucht bei Andern sehen
Und im Hause unerbittlich –
Das ist alles männlich-sittlich.

Ferner noch gehört das Spielen
Zu den männlich-ernsten Zielen, –
Ei, was kann es Schön'res geben,
Als so männlich-sittlich leben!

Thusnelda Vortmann.

Es ist wirklich sehr freundlich, das Publikum von heute. Wie viel Jahre läßt es sich nicht schon in allen Schreibarten, in Zeitungen, Zeitschriften, Büchern, Broschüren u. s. w. die Frauenfrage gefallen?

Immer und immer, von vorn und rückwärts gelesen, das Gleiche: Studentin – Arbeiterin – Dienerin – lauter unverheirathete Frauen.

Und doch ist es nur eine Frage, an der das Weib hauptsächlich krankt: es ist nicht die Brotfrage, sondern die – Männerfrage!

Wie kommt es, daß sie bisher unaufgeworfen geblieben? Aus Respect? – Aus allgemeiner Zufriedenheit mit dem Ewig-Männlichen?

Oder – »und begehre nimmer und nimmer zu schauen, ... u. s. w.«? – – – Ich glaube, der letztere Umstand hat viel dazu beigetragen.

Der Schriftsteller »studirt« das Weib, das er als ewiges Räthsel hinstellt. Er giebt vor, ihre Psyche zu belauschen, und was dabei heraus kommt, erzählen die vielen Cocotten-Romane, die in den letzten Jahren durch die Jungdeutschen in die Mode gekommen sind.

Die Schriftstellerin kann nicht belauschen, nicht »studiren«, aber sie vermag scharf zu beobachten und Erfahrungen zu sammeln. Und diese, gewissenhaft von Vorurtheilen getrennt, wiedergegeben, sind werth als Spiegelbild unserer heutigen »Ritter von der traurigen Gestalt« zu gelten. Sie sieht den Mann nicht als Räthsel an, sondern als das brutale Product seiner Erziehung, und als ein Wesen, das sich mit eingebildeter Uebermacht hochstellt und alle Rechte für sich beansprucht. Mit welchem gedankenlosen Selbstbewußtsein beansprucht, das wollen wir nachstehend illustriren. Wir geben reine Thatsachen, lassen alles Dichterische bei Seite und versuchen nicht mal zu retouchiren. – – –

Unsere Frauenrechtlerinnen sagen: wir sind im Nachtheil gegen die Männer, und bringen das Arbeitsgebiet – auf das hier Hauptgewicht gelegt wird – in den Vordergrund. Das »Ich bin« und »Ich werde sein« – gewiß, es ist ein Feld, das sich als breites Terrain abgaloppiren läßt. **Allein, wer schützt das verheirathete Weib vor ihrem natürlichen Beschützer?**

»Oft sind ja die Männer

Charmant und galant

Und reichen uns Frauen

Den Arm und die Hand.

Sie sagen, wir sollen

Uns stützen auf sie,

Das sei dann die richt'ge

Weltharmonie.

Doch wenn wir sie rufen

Uns Stützen zu sein,

Sie lassen uns frierend

Und hungernd allein.

Selbst brauchen die Retter

Ihr Geld, ihre Ruh,

Die süßesten Freuden

Des Lebens dazu.

Verlaß dich auf Keinen,

Nur schau, nimmer trau,

Und brauch' keinen Schützer,

Denn selbst ist die Frau!« –

Des Weibes Vortheil liegt nicht im Wettkampf mit dem Manne, noch weniger liegt darin ihre Glückseligkeit. – Diese kann nur gewonnen werden, durch die Selbständigkeit des Characters.

Die Frau soll dem Manne nicht die Peitsche aus der Hand nehmen, aber sie lasse ihn die Sporen fühlen. Ich meine nicht das Pantoffelheldenthum, das den Mann zur Memme herabwürdigt; aber was den Frauen fehlt, – das ist das würdevolle Selbstbewußtsein des Menschen.

Nur zu oft geht im Weibe der Mensch unter. Unsere Bräute, unsere Frauen – was beanspruchen sie? Das ekelhafte »Beglücktsein«, dem Erwählten des Herzens »dienen« zu können – es breitet einen blumenhaften Teppich vor dem »Herrlichen« aus, und vor ihm kniet das Weib mit erhobenen Händen: »Herr, was befiehlst du?«

Was? – o, schrecklich viel!

Die Naivetät – wir wollen keinen härteren Ausdruck wählen – der Männer im Fordern und Herrschen ist von fabelhafter Keckheit. Der kleine Bruder »befiehlt« der kleinen Schwester, ihm mal die Puppe zu geben, die er ihr zerbricht. Weint sie, schlägt er einfach auf sie los, denn sie ist ja »nur« ein Mädel. Die größte Beleidigung für den kleinen Knirps ist, wenn er gelegentlich mal für ein Mädel gehalten wird. Wird er größer, so äußert sich sein Ritterthum darin, daß er nun »schon« Schulmädels »abdrischt«. Dann kommen die Flegeljahre, in die die meisten Männer wieder zurückkommen, wenn sie verheirathet sind.

Jetzt haben wir die Studien- und Lehrjahre. Vor allem ist das Studentenleben der Beleuchtung werth.

»Was studieren Sie denn?« fragte ich einmal einen jungen Herrn.

»Die Lumperei!« war die ehrliche Antwort.

Die Lumperei! Je toller sie es dabei treiben, je »fescher« werden sie bezeichnet. Gradezu ekelhaft ist es, daß unsere Witzblätter mit Studentenstreichen angefüllt sind und solche bei den jungen Leuten fast provoziren. Was für Witz liegt denn darin, Schulden zu machen, übermäßig zu trinken und Mädchen zu verführen? – Ich setze den Fall, ein junger Kaufmann, oder Handwerker, mache fortwährend Schulden, kneipe, arbeite nicht und treibe allerlei Schabernack. Dann heißt es: »ein Taugenichts«, ein »verbummelter Mensch«, »arbeitsscheu«, »betrügerisch« u. s. w. Hier aber ist es – weil es »sich ziemt«, auch »erlaubt«. Man hängt dem »Burschenschafter« ein buntes Bändchen um und läßt ihn laufen.

Bei Aufzügen und Commersen sehe man sich die »alten Herren« in Cerevis und diversen Abzeichen an. Was würde man wohl sagen, wenn »alte Damen« also markiert und frankiert herum laufen würden? – –

Daneben gehen das schneidige Offizierchen, die Einjährigen, die Kaufleute, Beamte aller Arten, die alle um das »ewige Räthsel« herumflattern, es zu »erlösen« meinen, und so sich selber zu Liebe das Weib anbeten.

Und das Weib? – Es sollte sich doch mal klar werden, was so die landläufige »Liebe« bedeutet, was so ihre »Ideale« eigentlich sind, an die sie ihre Gefühle und ihr junges Leben verschwenden! Wie viele blühende Gestalten sind nicht schon am »Amüsement« des Mannes zu grunde gegangen?! –

Haben sie dann genug hofiert, geschwärmt, Herzen gebrochen u. s. w., dann gelangen sie in das Stadium der Heirathskandidatur.

Hier giebt es eine Unmasse von Kategorien.

Es heirathen Gott Lob noch eine stattliche Reihe von Männern aus wahrer Liebe und gehen mit ehrlichem Pflichtgefühl in die Ehe. Dann kommt die Mehrzahl, die besteht aus:

Müden Seelen, die ein Ausruhebedürfnis haben,

Weltschmerzlern, die ihre Melancholie auf das Weib zu wälzen beabsichtigen,

Verschuldeten,

Solchen, die weder Geschick, noch den Muth haben, den Kampf mit dem Leben allein aufzunehmen, endlich

»Gemüthsmenschen«, die mit liebevollen Worten nach außen verstohlen das Weib zur Dienerin ihres lieben Ichs herabzwingen und so nach und nach zwei bis drei Frauen florumwunden zu Grabe tragen.

Auch giebt es Männer, die sich Frauen für den »Hausbedarf« wählen und diese als Gegenstand betrachten.

Und die Weiber? – wie schnell sie sich nur ergeben! als Braut hat auch jede den »herrlichsten von allen« für sich.

Thatsächlich leisten aber auch die Männer an Verstellungskunst so absolut das allerhöchste, daß sich die meisten während des Brautstandes mit Glanz behaupten.

Bevor ich nun daran gehe, einige Illustrationen zu geben, d. h. aus dem Leben gegriffene Spiegelbilder männlicher Tugenden zu zeigen, darf ich in meiner aufgezählten Kategorie der Heirathskandidaten eine Hauptserie nicht vergessen, die in allen Gesellschaftskreisen zu finden ist: nämlich die – Heirathsschwindler.

Bei den Ehegesetzen, wobei die Männer alle, die Weiber fast gar keine Rechte haben, ja wo die Frau gewissermaßen als Leibeigene des Mannes betrachtet werden könnte, – hat der Heirathsschwindler die weitestgehenden Chancen. Zunächst läßt er sich Haus und Hof einrichten. Damit ist er schon »Herr« im Hause, denn selbst in Ehen, wo die Gütergemeinschaft ausgeschlossen ist, hat der Mann – was auch geschehe – den Nutzen von allem, was da ist.

Und nun wollen wir einige Typen aus dem Leben herausnehmen. Es sind nicht nur wahre Gestalten, es sind Thatsachen, die ungeschminkt zeigen, daß die »**Männerfrage**« mehr der Beleuchtung bedarf, als die »**Frauenfrage**« an sich. –

Es ist noch gar nicht so lange her, daß ein »Aristokrat« eine Million geheirathet und mit sauersüßer Miene ein zartes Fräulein, das daran hing, in den Kauf nahm.

Rund 6 Wochen dauerte die »Ehe«, dann erklärte »er« dem nichtssagenden Puttchen, das sich so wohl als Frau Gräfin fühlen wollte: es könne nun gehen, ihr Geld sei in den besten Händen.

Es bedurfte allerdings erst der Reitpeitsche, bevor sie »ging«. Von ihrem Gelde erhielt sie natürlich keinen Pfennig heraus, denn die noblen Passionen des Mannes verschlangen eben alles was da war – er hat ja von Rechtswegen den Nießbrauch und »brauchte« daraufhin so viel, daß am Ende des Prozesses nichts mehr vorhanden war.

Ein anderer »Herr« in angesehener Stellung ließ seine junge sehr verliebte Frau vor seiner Trauung selbst die Handschuhe für seine »Freundin« bezahlen u. s. w. u. s. w. Und nach der Hochzeit fiel es ihm gar nicht ein, seine Lebensweise zu ändern, obgleich er das beschworen, ebenso wenig in seinen Liebeshändeln irgend welche Rücksicht auf seine Gattin walten zu lassen. An einem Theaterabend, als die Gattin gerade ihren Fuß auf das Trittbrett ihres Wagens setzte, der sie nach Hause bringen sollte, erkühnte sich der Herr Gemahl sie zurückzuhalten.

»Den Wagen habe ich soeben Fräulein so und so (Name einer Schauspielerin) versprochen, Du kannst laufen!«

Nun war sie – was leider ja vereinzelt dasteht – keine nach Lyrikern gebildete Frau, sie zog nach Nietzsche ihre Hand zurück und zeigte »die Tatze« die »böse Krallen hat«. So kam es, daß sie ihn »laufen« ließ. Freilich, all die schweren Seelenkämpfe wurden ihr nicht erspart, aber sie ist noch Herrin auf ihrem Grund und Boden, und er bettelt sich irgendwo durch.

Nach den mehr gewaltthätigen Heirathsschwindlern, kommen die verkniffenen, die treten sanfter auf und wenden andere Mittel an.

Wir illustrieren sie mit nachstehendem:

Herr R. ist Gutsbesitzer in Polen. Seine Frau, die viel vornehmer als er, aus guter Familie, mit vorzüglichen Charaktereigenschaften, hat ihm das Vermögen zugeführt. Dafür muß sie, um Geld zu sparen, die Stelle der Mamsell vertreten. Da sie ihn lieb hat, ihr Interesse im Haushalt auch gern wahrnimmt, steht sie um 3 Uhr Nachts auf, überwacht rechtzeitig das Melken und bleibt auf, bis die Milchwagen in die Stadt gefahren sind. Tags über geht es Trepp auf, Trepp ab, die Landwirthschaft will besorgt sein.

Der »Herr« fährt recht oft zu einem Spielchen in die nahe Garnisonstadt. Die Frau kennt kein anderes Vergnügen, als alljährlich ein neues Sprößlein zu wiegen. »Er« murrt schon: »alle Jahre ein Kind, was das kostet!« An Geld, meint er. Die Lebenskraft der Frau – daran denkt doch ein Mann nicht! Er hat auch schon vergessen, wer das Baby beim Storch bestellt!

Jetzt sind acht Jahre herum, die Frau ist acht Jahre im Dienste bei ihrem »Herrn«. Hier ist es aber so, daß sie den – Lohn gezahlt, nicht er!

Es ist ja selbstredend, daß ein Weib arbeitet, wozu heirathet man es?! – Das Geld ist alle. Wieso? – Das weiß der Mann, und das genügt!

Der »Herr« wird nervös, alles reizt ihn, am meisten die Frau, die nichts mehr recht machen kann. Er will hier fort und zieht mit Frau und fünf Kindern in die Stadt – in ein Haus, wo seit Jahren seine Maitresse wohnt, die er die Frechheit hat, seiner Frau als »Nachbarin« vorzustellen.

Und nun bekommt die »Nachbarin« das Regiment, und es geht mit dem letzten Heller des Vermögens bergab, der Mann ohne Thätigkeit, die Frau vor Leid krank. Schlußpointe, des Mannes Frage, die alles besagt:

»Weshalb hab' ich Dich eigentlich geheirathet, da Du doch nichts verdienen kannst?«

No. 4 hat eine Schriftstellerin geheirathet, weil ihn ihr edler Beruf, ihr Geist und schließlich ihre liebliche Gestalt »anzog«.

Wie bald merkte das arme Wesen, daß sie ihn thatsächlich »angezogen!« Vom Kopf bis Fuß sogar. Von den Stiefeln bis zum Hut hat sie indirekt alles bezahlt.

»Mein Lieb, jetzt soll die Feder ruhen,« hatte er ihr am Verlobungstage gesagt. Der Gute, Zarte, wie wollte er alle Lasten von ihr nehmen! –

Vier Wochen nach der Hochzeit:

»Möchtest Du nicht wieder etwas schreiben, Herzchen? – Es ist nämlich, Du weißt, wenn eine Künstlerin vergessen wird, das thut nicht gut.«

Das sieht sie ein. Und noch mehr sieht sie ein! Der Schuft hat sie gefangen, und nun heißt es arbeiten, um all die Schulden, die das Hauswesen hervorgerufen, zu bezahlen.

Sie gleicht sich nicht mehr, sie ist blos noch eine Schreibmaschine im Hause.

Es kommt ein Quartal, wo die Miethe nicht bezahlt werden kann. Die Verleger sind nicht pünktlich, sie schreibt und schreibt um Geld – keine Antwort. Da erbietet sich der Edle, ihr Mann, die »natürliche Stütze«, für sie einzutreten. Wie gut, wenn man verheirathet ist!! Vor einem Mann hat man doch ganz anderen Respekt. – Schon darauf bauend, reist er nach S. und erhält sogleich 500 Mark ausgezahlt.

Natürlich sendet er ihr ein Telegramm, damit sie daheim von der Sorge befreit ist, setzt sich auf die Bahn und fährt über Leipzig nach Hause. In rosiger Stimmung natürlich, er hat ja Geld!

Hier trifft man ein paar Freunde, mit denen man ausgeht, und auch ein paar hübsche Pflänzchen. Die eine ist reizend und findet so viel Gefallen an dem auf Reisen geschickten Ehemann, daß sie es unverhohlen zeigt. Und wenn ein Mann gefällt, bei der angeborenen Eitelkeit, dann kommt sehr schnell die angeborene Untreue hinzu.

Der Edle vergißt seine Frau und kauft für deren sauer verdientes Geld einen Schmuck für die Dirne. Allerdings amüsiert er sich dafür prächtig, und das ist doch auch etwas werth! – Soll ich noch aus höheren Kreisen Copien bringen, oder soll ich herabsteigen in die einfachste Klasse, wo die Sparkassenbücher eine rührselige Rolle spielen – – – »und begehre nimmer und nimmer zu schauen« ....

Nun giebt es noch eine liebliche Sorte – Verlobungsschwindler, die gegen freie Kost und Logis frisch drauf loslieben. Und zwar so lange, als es ihnen dienlich erscheint. Dann untergraben sie in irgend welcher Weise den guten Ruf der Braut, damit die »Welt« ihren Rücktritt nicht etwa verdamme – so etwas könnte bei der nächsten Parthie schaden –, und verschwinden.

In einer Berliner Zeitung hieß es einmal: ein hoffnungsvoller Jüngling sei auf drei Stellen zu gleicher Zeit »verlobt« gewesen. Bei den »Schwiegereltern« der ersten Braut wohnte er, bei der zweiten Braut, einer Schneiderin, aß er, und der dritten, einer Putzmacherin, nahm er ihr Geld ab, mit der Weisung, dafür wolle er ein Geschäft kaufen.

Von London aus, wohin sich auf Kosten der Putzmacherin der Verlobungsschwindler gewandt, erhielten alle drei »Bräute« gleichlautende Zettel:

Für die Zeit, wo Du mich geliebt hast,

Bedank i mich schön,

Und i wünsch, daß Dir's

Jetzt nun besser mag geh'n!

Wir sehen davon ab, aus der besseren Gesellschaftsklasse noch »Illustrationen« zu bringen, es dürfte den Leser ermüden. Jedoch einen Brief hier abzudrucken, den mir eine Dame zur Verfügung gestellt, möchte ich nicht unterlassen. Es spricht so viel zarter Dank für genossene Liebe daraus und er birgt so viel echtmännliche Gewissenhaftigkeit, daß er mein Spiegelbildchen vervollständigen hilft.

»Lieber Gustav!

Das war eine rechte Freude, das ist ja famos, da habe ich auch wieder mal kolossales Schwein! Du sollst nämlich mein Retter in der Not sein. Diesmal nicht in Geldangelegenheit – ich habe meine hiesigen Gläubiger sehr gut erzogen –, sondern Du sollst mir helfen – nicht wie damals eine zu bekommen, sondern eine los zu werden. Es müßte mit dem Teufel zugehen, wenn solch patenter Kerl, wie Du bist, das nicht leicht zu Wege brächte!

Die Martel wird mir unbequem, das Verhältniß war der dümmste Streich meines Lebens, die nimmt die Sache ernst und ich sage Dir – ich wäre lieber wo der Pfeffer wächst, als hier. Die taxiert sich hoch und sagt sehr freimüthig »mit jedem Jahre lerne ich mich mehr lieben und mehr schätzen, weil ich mich besser kennen lerne.« Thatsächlich wird sie mit jedem Jahre üppiger. Aber Bester, ich habe grade genug und will überhaupt fort, es ist hier öde und aufregend zugleich.

Da Du doch, wie Du schreibst, nach H. gehst, kannst Du mir zu Liebe schon den kleinen Abstecher machen. Ich stelle Dich ihr vor, und hübsch, wie Du bist, und wie ich ihren Geschmack kenne, machst Du ohne Zweifel kolossalen Eindruck. Das übrige überlasse ich Dir ... Ich spiele dann den Eifersüchtigen und sichere mir damit einen respectablen Abgang.

Also ich rechne bestimmt auf Dich, so wie Du stets auf meine Dankbarkeit rechnen kannst. Telegraphiere wann ich Dich erwarten kann.

Dein K.

Dir gebe ich den guten Rat, Dich nie an brünette Weiber heranzumachen, die sind von einer verfluchten Anhänglichkeit.«

Man sieht, sie arbeiten mit allen Mitteln, die Herren Männer, und sie sind ja so schlau, so schlau, daß man gar nicht begreift, wie man einstens die Weiber mit der Annahme beehren konnte, sie seien »schlau wie die Schlangen!« – –

So lange der Mann keine Verpflichtung hat, sieht er im Weibe das anbetungswürdige Geschöpf; gesellt sich zu seiner Anbetung und Liebe aber die Pflicht, so ist es aus. Er ist immer berechnend, und wo die Rechnung quittirt ist, wo nichts zu holen, so oder so, da hört nach und nach jeder Reiz auf.

Und nun kommen wir zu dem Punkt der Treue, und das ist ein sehr wunder Punkt!!

Der Mann kann sich selber, dem Freunde, im Handel und Wandel treu sein – dem Weibe ist er es höchst selten. Fast immer wird es von ihm hintergangen. Ist es nicht mit einer Freundin, ist es mit einer Unbekannten.

Für sie ist wenig vorhanden, für die Geliebte immer Ueberfluß. Bei der Frau knausert man, der Geliebten will man imponieren, nichts ist zu theuer für sie. Natürlich gilt dies bei Männern besser begüterter Stände, die überhaupt etwas zu geben haben. Die Mittelklasse steigt tiefer. Vielen Hausherren haftet leider auch die Dienstmädel-Manie an, und nicht vielen Frauen wird die tiefe Scham erspart, von den Mädchen selbst zu vernehmen, der »Herr stelle ihnen nach«!

Bei den besser gearteten Männern regt sich dann das Gewissen und ihre Zärtlichkeit für die Gattin verdoppelt sich nach einer solchen Missethat. »Mein Mann muß mich wieder hübsch hintergangen haben,« sagte einmal eine Dame, »er hat mir aus eigenem Antriebe einen Pelzmantel gekauft.«

Würde dieses »Hintergehen« nur allein das Gefühl der Frau verletzen, so wäre es noch nicht gar so schlimm und zu überwinden, aber es sind ganz andere Gefahren dabei! – Der Mann zeigt selten die volle Theilnahme an einem Erkranken der Frau, als es oft umgekehrt der Fall ist. Er klagt, so bald sie leidend, zunächst, daß das Hauswesen ins Wanken kommt, nebenbei erst thut es ihm gelegentlich leid, daß sie nicht gesund ist. Darüber läßt er sich dann gern bemitleiden – auch eine typische Eigenschaft des Mannes –, denn am Ende – es ist doch höchst lästig eine kranke Frau zu haben!

Als einmal ein Freund dem anderen klagte, daß seine Frau ewig leidend und schon in drei Bädern gewesen, was das koste! schrieb dieser zurück: »Für die Reparaturkosten hättest du schon eine neue gehabt.«

Woher aber die vielen Frauenkrankheiten kommen, davon wissen Aerzte und Aerztinnen zu erzählen! Eine derselben, die seit 12 Jahren in Deutschland eine blühende Praxis ausübt, kann nachweisen, daß von 100 Patienten, 70 ihren Männern die Krankheit verdanken.

Und diese haben dann natürlich »ein Kreuz« mit den »Weibern«, die ewig klagen und so viel kosten!

Und während ich die »Männerfrage« beleuchte, tönt eine andere an mein Ohr: »Giebt es denn gar keine guten Männer??« – O ja, viele, viele prächtige Männer, ganze »Kerle« mit Herz und Verstand, mit Seele und Gewissen, aber mit ihnen geht es wie mit den Weibern:

Von den besten spricht man nicht!

Von dem Gros aber, das sich mit seinen vielen Arroganzen so hoch über das Weib stellt, muß gesprochen werden. Die Fehler der Frau kennt jeder, sie sind in allen Formen bloß gelegt worden; vom minderwerthigen Gehirn, bis zum eitlen Tand, mit dem sie sich umgiebt, hat der Mann gesprochen, es gehört ja alles zur **Frauenfrage**.

Nun aber werfen wir die **Männerfrage** auf, und wir werden ja sehen, wie weit sie führen wird, sehen, ob die »Herrlichen« – weß Standes sie seien –

ewig nehmend, ewig fordernd, sich behaupten werden. Und wie naiv die Herren der Schöpfung im Fordern sind – das ist einfach fabelhaft.

Wenn man sie reden hört von ihrem Standpunkt aus – ich weiß nicht, ob man darüber lachen oder weinen soll.

Fahre da einmal von Frankfurt a. M. nach Leipzig. In Eisenach steigt ein Herr ein, der sich veranlaßt fühlt, eine Unterhaltung anzuknüpfen.

»Nein, ich heirathe nie!« erzählt er mir im Laufe einer zweistündigen Fahrt. »Nie, denn die Weiber von heute! – Ich verlange von einer Frau 1. natürlich Vermögen, 2. Schönheit, 3. Bildung, 4. gute Familie.

Sie muß wirthschaftlich sein, darf keine theure Roben tragen, muß selbst kochen und mir in meinem Beruf behülflich sein.«

»Hm,« machte ich, »wie ist denn die Gegenleistung?«

Er sah mich verständnislos an.

»Na wie denn, die Gegenleistung? – Sie scherzen wohl?«

»Durchaus nicht, Sie müssen doch, wenn Sie so vieles verlangen, etwas bieten können.«

»Ich? – na, ich heirathe sie doch! Sie ist doch ihr lebtag versorgt.«

»Wenn die Dame Vermögen bringen und arbeiten soll u. s. w., so könnte sie sich doch mit diesen hübschen Eigenschaften recht fidel selbst »versorgen«.« (»Versorgen« im Sinne der heutigen Männer heißt gewöhnlich mit Sorgen überschütten.)

»Na, wissen Sie, Gnädigste, bei solchen Auffassungen würden die meisten Mädchen alte Jungf...« er sah ängstlich nach meiner Hand.

»Früher, mein Herr, hat man »alte Jungfer« im verächtlichen Sinne gesagt. Heute – nun erst beginnt man das Symbol des Eheringes zu verstehen!

Die Hand ohne Ring ist das Freizeichen. Die »alte Jungfer« lebt nicht mehr. Heut ist die **Unverheirathete** die **Freifrau**, die unabhängig von einem Haustyrannen ihren Weg macht. – Die Hand **mit dem Ringe** aber sagt: Ergeben auf Gnade und Ungnade. Bitte, mein Herr, sagen Sie mir, wessen Loos ist besser, das der »Freien« oder der »Gebundenen«?«

Der Mann verlangt von der Frau alles. Sie soll ihm Kinder geben, ihm dienen, kochen, sparen, helfen, wo immer sein, im Geschäft, Bureau, Werkstätte u. s. w. Er selbst aber ist eben entweder nur Fachmann, oder mit einem Worte Verdiener. Sie aber soll universell sein. – – –

Von der großen Masse Ausnahme-Männer, die Würde genug besitzen, sich ihr Haus selbst zu gründen und es pflichtgemäß auch selbst zu erhalten, hört man oft bewunderungsvoll sagen: »er hat sich ein armes Mädchen geheirathet!«

Erstens: Ist denn eine Menschenseele absolut nichts werth? Und besitzt die Frau an sich nicht schon all die Eigenschaften, die der Mann absolut gebraucht? Sie bezahlt mit ihrem **ganzen Sein** schon genug Entrée für den Eintritt in das zweifelhafte Glücksinstitut der Ehe. Der Mann sollte mal nachrechnen, was er zu bezahlen hätte, wenn er nicht verheirathet wäre! Da kommt erst: Ein sogenanntes Verhältnis, das Geld kostet. Eine Wirthschafterin, die hoch bezahlt wird, und die lange nicht so rechnet, als eine Frau, die ihre eigenen Interessen vertritt. Eine Ausbesserin der Wäsche und Garderobe und diverse Vereine, in denen er seine freie Zeit verbringt, weil er kein eigenes Haus besitzt. Kurz – man sieht, der Mann ist **viel besser** in der Ehe »versorgt«, als die Frau, die die größeren Lasten übernommen! –

Zu den weiteren naiven Eigenschaften der Herrn Männer gehört auch die, ihre Untugenden auf Rechnung der Weiber zu setzen.

»Sie« hat ihn betrogen – **deshalb** hat er sich dem Trunk ergeben, **deshalb** hat er sich in den Strudel des Lebens gestürzt.

Weil **die Frau** die Wirthschaft vernachlässigt – geht er in die Kneipe. Weil **die Frau** nicht geschäftstüchtig ist, verdient er nichts u. s. w. Ergo: gäbe es keine Weiber, es liefen lauter männliche Engel herum.

In Ausreden sind die Männer überhaupt fabelhaft gewandt und im Abwälzen ihrer Fehler auf andere virtuosenhaft.

Die ekelhaftesten aller männlichen Specien aber sind diejenigen, die ewig heulen.

Unter Thränen schwören sie Treue. Unter Thränen brechen sie dieselbe und versprechen Besserung bis zum nächsten Mal.

Unter Thränen geben sie der Frau einen Versöhnungskuß und küssen unter Thränen lächelnd das holde Lieb zweiter Garnitur. Und dann die freimüthigen Geständnisse, die sich mit ahnungsloser Unverschämtheit zusammen finden!

Man höre:

»Ich bin sehr jähzornig – **deshalb** muß ich eine sanftmüthige Frau bekommen.«

Nein, Herr der Schöpfung, **deshalb** mußt du hübsch Selbsterziehung üben und Dir hübsch manierlich diese heillose Untugend abgewöhnen, nicht aber über das Haupt einer Sanftmüthigen ergehen lassen. Oder: »Ich bin ewig mürrisch und verdrießlich, **deshalb** muß ich eine heitere Frau bekommen.«

Ich möchte sehen, wessen Heiterkeit ein ewiger Griesgram nicht verscheucht! –

Nun geben sich eine ganze Masse kreuzbraver Männer, die ihr Lebtag nichts Böses thun könnten, für Herzensbrecher u. s. w. aus und renommieren mit Unthaten, die ihr ästhetisches Gefühl schon nicht zuließe, um »männlich« zu erscheinen. Was für Lob für die Allgemeinheit hierin liegt, kann sich ein Jeder wohl ausmalen! –

Die Neuzeit hat noch eine Art Männer herangebildet: Rhetoriker.

Am allerschlimmsten ergeht es denjenigen Frauen, die jene Sorte von Maulhelden geheirathet haben. Ganz besonders wenn sie in politischen Versammlungen von gleichen Rechten faseln, um sich dort Weihrauch zu streuen. Sie haben erwiesener Maßen weder Herz für ihre Familie noch Verstand genug, irgend Jemanden zu beglücken. Ihre erheuchelte allgemeine Menschenliebe ist nichts weiter als die Sucht, sich bewundern zu lassen, als die geistige Koketterie, sich reden zu hören, denn in Wirklichkeit lieben die »Volksbeglücker« einzig und allein nur sich selbst und sind im eigenen Hause der rasende Roland. Von dem Elend der Ehefrauen, die sich durch die Zungen-Gymnastik der »Beglücker«, der »Kämpfer für Freiheit und Recht«, haben bethören lassen, ist nicht zu erzählen.

Man versetze sich in die Lage einer Frau, die ihren Gatten salbungsvoll der »Menge« predigen hört, wobei er in Ethik überfließt und in Achtsamkeit und Ehrlichkeit einzig dasteht, und die genau weiß, daß seine Handlungsweisen dem entgegen laufen, und daß er alle die Laster und Untugenden, die er öffentlich beklagt und verwirft, im hohen Maße selbst besitzt! Im Hause »rettet, rennet, flüchtet« alles, wenn er sich zeigt, weil man ihn fürchtet, »draußen« ist er ein Mann der Humanität, ein Engel ohne Flügel, der herabgekommen, um dem Unterdrückten zu seinem Rechte zu verhelfen.

Ist das alles nicht werth, aufgezeichnet zu werden? Vielleicht halten unsere Herren einmal Selbsteinkehr und sie werden nicht zu kurz dabei kommen.

Eine Ungerechtigkeit, an der allerdings der Mann nicht schuld ist – die sich aus unserer gesellschaftlichen Lage ergiebt – ist es auch, daß des Weibes Stellung vom Manne bedingt wird.

So kommt es, daß eine zur Gräfin erhobene Magd mehr gilt, als eine vollendete Dame, die einen in bescheidenen Verhältnissen lebenden Mann geheirathet hat.

Die Frau fällt oder steigt durch die Heirath, dem Manne läßt man Rang und Würde, er mag wählen, wie es auch sei.

Warum kann sich das Weib ihre Stellung nicht selbst bestimmen, wenn sie die Fähigkeit dazu besitzt? – Unsere Frauen aber sind – besonders in kleinbürgerlichen Kreisen – sehr gern geneigt, in dem Manne »aufzugehen«.

Es ist fast lächerlich, wie viel manche Damen auf Titulatur geben. Der ärgste Schuft, der neben der Schufterei noch etwas gelernt hat (Schufte sind fast immer intelligent zum Nachtheil ihrer Mitmenschen), hat, sobald er einen »Rang« bekleidet, Chancen, denn Fräulein Soundso drückt gelegentlich mal ein Auge zu, bei der fraglichen Moralität ihres Zukünftigen, wenn sie von da ab Frau Ober-Soundso sich nennen kann.

Man beobachte mal die Kaffee- und sonstigen Gesellschaften, in denen die Vorstellungen ja eine so wichtige Rolle spielen! Vor allem liebt es die Wirthin, mit ihren Eingeladenen zu glänzen. Oftmals mit der größten Nichtachtung vor der Person, die sich zufällig emporgeheirathet hat, im Herzen, ruft sie – wenn volltönend – mit gehobener Stimme deren Aushängeschild aus.

Putzig war es, als eine Dame ein Fräulein *Dr. ph.* einer Appellationsgerichtsräthin vorstellte. Der Tonfall besorgte alles! »Frau Ober–appellations–gerichts–räthin ....« Einige Töne tiefer: »Fräulein *Dr.* S.«

Die hübschen Augen der Philosophin lachten mich an.

»Ja, was wollen Sie,« tröstete ich, »Sie haben nur sechs Buchstaben vor Ihrem Namen, die Sie sich noch dazu mühselig erarbeiten mußten, und diese Dame stolzirt mit 26 solcher herum, die ein anderer auf ihr vergoldetes Schild getragen!« – Und die Titelsucht ist nicht nur in den Kreisen des Scheins, sie reicht bis zur Frau Ober-Straßenfegerin hinab.

So kommt es also, daß die socialen Verhältnisse die Frauen dahin bringen, daß sie mit ihren Männern prahlen, obwohl sie vielfach wissen, daß sie dem Charakter nach mehr sind, als diese.

Gradezu »gefährlich« – im komischen Sinne, sind auch diejenigen Männer, die von ihren Frauen »nicht verstanden« werden.

Ich kannte ein Ehepaar, wo der Mann freilich diverse Vocabeln mehr wußte, als die Frau, der auch dickbändige wissenschaftliche Werke geschrieben und Forschungsreisen gemacht hatte. Aber seiner Frau gesunder Menschenverstand und ihr köstlicher Humor standen doch turmhoch über seiner griesgrämigen Gelehrsamkeit, und doch war sein ewiges Seufzen: »Dieses Weib ist nicht bedeutend genug, meine Bedeutung zu verstehen!« Als er sich aber einmal in die Tinte hineingeritten hatte, war »dieses Weib« bedeutend genug, der Geschichte eine andere Wendung zu geben, und in den Tagen der Noth war sie »das treue Weib«, seine »Stütze«, sein »Halt«. Die ganze verkrochene Feigheit des »bedeutenden Mannes« trat hier grell zu Tage.

Das sind so komische Figuren, Kleinigkeiten, die charakterisiren helfen, etwa wie die Momentaufnahmen auf den Straßen, wo wir jetzt auch Gigerl, als Zärtlichkeits-Aeußerungen, auf den Arm junger Mädchen gestützt, sehen. Früher führte sehr galant der Ritter seine Dame, **die Frau stützte sich auf den Mann**. Heute lassen sich die Männer von jungen Mädchen führen. Symbolisch gar nicht übel! –

Und nun – das ist ein Punkt, der mir auf der Seele brennt! Ist es wirklich ein Fortschritt der Cultur, daß das Vaterrecht herrscht? – Ich glaube der Irokese, der im Urzustande nach seinem Herzen das Mutterrecht gelten ließ, war weiter wie wir; dem Weibe gehörte das Kind, das sie trägt, gebärt. Es ist ihr Fleisch, ihr Blut und ihr Geist. Am besten kann man diese Wahrheit bei denjenigen beobachten, die außerehelich geboren haben.

Beim schlechtesten Weibe dringt selbst in der verzweifeltsten Situation das Muttergefühl durch. Sie bringt ein Kind zur Welt in Schimpf und Schande, in Noth und Elend. Und doch, in Lumpen gehüllt, trägt sie es am Herzen mit sich herum. Der Vater? – oft weiß er überhaupt nicht, daß er ein solcher ist!!

Und dies allein spricht von Natur aus der Mutter das Kind zu!

Weiß er es aber, freut er sich darüber?? –

Das kraftloseste, verlassene Weib arbeitet bis zum letzten Athemzuge für ihr Kind, oder erbettelt sich die Nahrung für dieses. Der Vater will oftmals nichts von seinem Ueberfluß für dasselbe geben. Er ist ganz Genuß, die Mutter ganz Entsagung.

Trotzdem hat der roheste Patron, der zufällig Vater ist, das alleinige Recht über das Kind der Mutter. Wie viel Trunkenbolde und Spieler giebt es nicht, denen das gesetzliche Recht zusteht über die Zukunft des Kindes zu bestimmen! –

Kommen wir nun wieder auf unser eigentliches Thema zurück!

Für die Frauenfrage interessirte sich der Mann bisher:

1) wenn er heirathen will aus beliebigen Motiven;

2) wenn er sich am Weibe »zu berauschen« beabsichtigt;

3) wenn er es loswerden will.

Bei den Frauen aber gab es nur eine Männerfrage, die da lautet: »wo bekomme ich einen?«

Diejenigen Frauen, die durch Schiller und Goethe die männlichen Helden kennen gelernt haben, wissen, daß sie **nur** durch »Dienen« zur **Herrschaft** gelangen (ja freilich!) und geben sich daraufhin zu allem her.

Die Backfische, die Chamisso's Syrup

»Seit ich ihn gesehen,

Glaub' ich blind zu sein« u. s. w.

hinhimmeln, die gehen mit einem suggerierten Idealismus in das Eheglück hinein. Freilich, klug ist es nicht, daß unsere Mütter ihren Töchtern all die veralteten Melodien in die Hand geben. Unsere Zeit ist eine andere. Es leben andere Menschen, es sind andere Verhältnisse. Die Töchter dürfen nicht mehr »blind sein«, seit sie ihn gesehen.

Nein, **weil** sie ihn gesehen, muß man ihnen die Augen öffnen!

Nach Chamisso ist ein anderer hehrer Geist herabgestiegen. Und seine gewaltige Stimme sprach:

»Manchen Menschen darfst Du nicht die Hand geben, sondern die Tatze, und ich will, daß Deine Tatze auch Krallen habe.«

Wäre dem so, der Mann und die Frau, beide wären sie glücklicher. Aber es giebt so verschiedene Arten von Weibern, die, obzwar sie in der Welt Bescheid wissen, doch singen:

»Eines Mannes schönste Tugend

Ist nicht Keuschheit, noch ists Jugend,

Ist nicht Schönheit und Verstand,

Ueberfluß an Geld und Land.

Auch nicht Stellung ists, noch Titel,

Nicht der Rock, noch bunter Kittel,

Dann erst lob' ich mir den Mann,

Wenn ich ihn noch kriegen kann.«

Aber die edle Frau, die aus kühler Ferne beobachtet, ohne Herz und ohne Galle sprechen zu lassen, die gleichgültig lächelnd vom hohen Balcon herabschaut auf das Treiben der Männlein und Weiblein, die singt ein anderes Lied, das da lautet:

»Seit Amor sich hat verwundet
Mit seinem eigenen Pfeil,
Reist er in olympische Bäder
Zu suchen dort sein Heil.

Er hat ein krankes Herze,
Seit Psyche ihm entfloh,
Nicht mag er mehr regieren,
Wird nicht des Lebens froh.

Nun aber treibt auf Erden
Viel wüsten Spuk und Graus
Ein täppischer Geselle,
Giebt sich als Amor aus.

Er ist gemeiner Herkunft
Und widrig von Gestalt,
Verliebt und ganz vertrunken,
Mit kahlem Haupt und alt.

Und fahl sind seine Wangen,
Und frech der blöde Blick.
Betäubend ist sein Treiben,
Doch bringt er Keinem Glück.

Die Väter täuscht er Alle,
Sie freut der glatte Wicht,

Die Mütter aber seufzen:

»Das ist der Amor nicht!«

Sie knieen nieder und beten:

»O Göttin im Himmelsrund,

Gieb Deinen Sohn uns wieder

Und mach' ihn wieder gesund.«

Ja, das wäre was, wenn nochmals das alte Reckengeschlecht aufstände, mit ehrlicher Liebe, mit ehrlicher Leidenschaft, mit der Würde, die Ehrlichkeit im Handel und Wandel verleiht, durch die allein das Weib **vor** dem Manne beschützt werden kann. **Von** dem Manne beschützt zu werden, hat sie längst aufgegeben und auch nicht mehr nöthig: unser Jahrhundert ist anders geworden, der schlafende Riese hat sich geregt. Aber – wenn sie nochmals käme, die goldene Zeit, die Männer erstehen ließe – so wäre gelöst, **die Frauenfrage**, in der

9 789356 788336

Printed at Repro India Ltd.